This book belongs to

_____

Table of Contents

Table of Contents

Table of Contents

Common Name: _____ Genus: _____

Species: _____ Variety: _____

Source: _____

Date acquired: _____

Date planted: _____

Care

Description

Location

Notes

Common Name: _____   Genus: _____

Species: _____   Variety: _____

Source: _____

Description

Date acquired: _____

Date planted: _____

Care

Location

Notes

Common Name: _____ Genus: _____

Species: _____ Variety: _____

Source: _____

Date acquired: _____

Date planted: _____

Description

Care

Location

Notes

Common Name: _____   Genus: _____

Species: _____   Variety: _____

Source: _____

Date acquired: _____

Date planted: _____

Description

Care

Location

Notes

Common Name: _____   Genus: _____

Species: _____   Variety: _____

Source: _____

Date acquired: _____

Date planted: _____

Care

Description

Location

Notes

Common Name: _____ Genus: _____

Species: _____ Variety: _____

Source: _____

Date acquired: _____

Date planted: _____

Description

Care

Location

Notes

Common Name: _____   Genus: _____

Species: _____   Variety: _____

Source: _____

Description

Date acquired: _____

Date planted: _____

Care

Location

Notes

Common Name: _____   Genus: _____

Species: _____   Variety: _____

Source: _____

Description

Date acquired: _____

Date planted: _____

Care

Location

Notes

Common Name: _____ Genus: _____

Species: _____ Variety: _____

Source: _____

Description

Date acquired: _____

Date planted: _____

Care

Location

Notes

Common Name: _____ Genus: _____

Species: _____ Variety: _____

Source: _____

Description

Date acquired: _____

Date planted: _____

Care

Location

Notes

Common Name: _____ Genus: _____

Species: _____ Variety: _____

Source: _____

Date acquired: _____

Date planted: _____

Description

Care

Location

Notes

Common Name: _____ Genus: _____

Species: _____ Variety: _____

Source: _____

Date acquired: _____

Date planted: _____

Description

Care

Location

Notes

Common Name: _____   Genus: _____

Species: _____   Variety: _____

Source: _____

Description

Date acquired: _____

Date planted: _____

Care

Location

Notes

Common Name: _____ Genus: _____

Species: _____ Variety: _____

Source: _____

Date acquired: _____

Date planted: _____

Description

Care

Location

Notes

Common Name: _____   Genus: _____

Species: _____   Variety: _____

Source: _____

	Description	

Date acquired: _____

Date planted: _____

Care

Location

Notes

Common Name: _____ Genus: _____

Species: _____ Variety: _____

Source: _____

Date acquired: _____

Date planted: _____

Description

Care

Location

Notes

Common Name: _____ Genus: _____

Species: _____ Variety: _____

Source: _____

Date acquired: _____

Date planted: _____

Description

Care

Location

Notes

Common Name: _____ Genus: _____

Species: _____ Variety: _____

Source: _____

Date acquired: _____

Date planted: _____

Description

Care

Location

Notes

Common Name: _____ Genus: _____

Species: _____ Variety: _____

Source: _____

Date acquired: _____

Date planted: _____

Description

Care

Location

Notes

Common Name: _____ Genus: _____

Species: _____ Variety: _____

Source: _____

Description

Date acquired: _____

Date planted: _____

Care

Location

Notes

Common Name: _____ Genus: _____

Species: _____ Variety: _____

Source: _____

Date acquired: _____

Date planted: _____

Description

Care

Location

Notes

Common Name: _____   Genus: _____

Species: _____   Variety: _____

Source: _____

Date acquired: _____

Date planted: _____

Description

Care

Location

Notes

Common Name: _____ Genus: _____

Species: _____ Variety: _____

Source: _____

Description

Date acquired: _____

Date planted: _____

Care

Location

Notes

Common Name: _____ Genus: _____

Species: _____ Variety: _____

Source: _____

	Description

Date acquired: _____

Date planted: _____

Care	

Location	

Notes	

Common Name: _____   Genus: _____

Species: _____   Variety: _____

Source: _____

Description

Date acquired: _____

Date planted: _____

Care

Location

Notes

Common Name: _____ Genus: _____

Species: _____ Variety: _____

Source: _____

Description

Date acquired: _____

Date planted: _____

Care

Location

Notes

Common Name: _____ Genus: _____

Species: _____ Variety: _____

Source: _____

Date acquired: _____

Date planted: _____

Description

Care

Location

Notes

Common Name: _____   Genus: _____

Species: _____   Variety: _____

Source: _____

Date acquired: _____

Date planted: _____

Description

Care

Location

Notes

95

Common Name: _____ Genus: _____

Species: _____ Variety: _____

Source: _____

Date acquired: _____

Date planted: _____

Description

Care

Location

Notes

Common Name: _____ Genus: _____

Species: _____ Variety: _____

Source: _____

Date acquired: _____

Date planted: _____

Description

Care

Location

Notes

Common Name: _____ Genus: _____

Species: _____ Variety: _____

Source: _____

Description

Date acquired: _____

Date planted: _____

Care

Location

Notes

109

119

Made in the USA
Las Vegas, NV
13 December 2023

82697997R00070